AF455826

L'ARMISTICE

UNION NATIONALE DES COMBATTANTS

“ Unis comme au Front ”

GROUPE RÉGIONAL SUD-EST DE LA MARNE

Section de Vitry-le-François

HOMMAGE AUX COMBATTANTS

Offert par la Section de l'U.-N.-C. de Vitry-le-François à ses Membres, avec la gracieuse autorisation du Conférencier.

L'ARMISTICE

DU

11 NOVEMBRE 1918

CONFÉRENCE

Donnée le 11 Novembre 1922, à Vitry-le-François,
Sous les auspices de la Municipalité

Par M. **E. JOVY**

Professeur Honoraire,
Officier de l'Instruction Publique,
Conseiller Municipal,

A l'Occasion de la Célébration de l'Anniversaire de l'Armistice

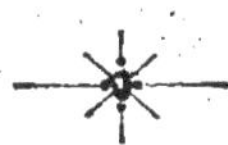

VITRY-LE-FRANÇOIS
Imprimerie du Messager de la Marne

1922

L'ARMISTICE

Monsieur le Président

Mesdames,

Messieurs,

M. le Maire de Vitry a bien voulu me faire l'honneur de me demander de dire quelques mots dans cette cérémonie, au cours de ce « vin d'honneur » destiné à commémorer l'armistice du 11 novembre 1918. J'ai eu l'imprudence d'accepter, car, vraiment, je suis bien peu qualifié pour prendre en ce moment la parole, et, de plus, sur cette imprudence j'ai greffé une autre imprudence.

Il m'a semblé que vous aviez si souvent entendu, au cours des solennités qui, dans ces dernières années, se sont succédé pour rappeler les souvenirs, les deuils, les gloires de la guerre, des considérations générales fort éloquentes que je pourrais peut-être aujourd'hui, en ce qui me concerne, abandonner les phrases à périodes pour vous entretenir tout simplement de faits précis, et j'ai pensé qu'il ne serait peut-être pas sans convenance et sans opportunité, à quatre ans de distance, de redire, d'après les journaux du temps et quelques auteurs récents, la façon dont fut conclu cet armistice à jamais immortel dans les fastes de notre histoire, de repasser avec vous les péripéties de cette extraordinaire tragédie diplomatico-militaire, aussi rapide qu'importante, où les acteurs alliés seront volontairement silencieux, mais prépondérants, où les acteurs allemands, désireux d'être volubiles, seront condamnés à ne dire que peu, et où nous distinguerons, si vous le voulez bien, le prologue, le drame lui-même, l'épilogue.

*
* *

En octobre-novembre 1918, la situation des armées allemandes était tout à fait critique, malgré le soin avec lequel, pendant longtemps, l'Empire allemand avait « camouflé » ses détresses. Les armées alliées marchaient de victoire en victoire depuis la seconde bataille de la Marne. Tout, chez elles, s'apprêtait pour cette attaque décisive qui, d'après Foch, « est l'argument suprême de la bataille moderne ». L'Allemagne qui aime tant faire la guerre chez les autres et l'aime fort peu sur son territoire, redoutait ce coup mathématiquement décisif. Elle voyait venir l'invasion. L'éviter lui paraissait équivaloir à une victoire. Aussi lui fallait-il arriver à la paix le plus promptement possible. Elle avait fait demander un armistice par l'intermédiaire du président Wilson, et celui-ci informa le gouvernement allemand que, pour parler d'armistice, il lui fallait s'adresser au maréchal Foch, généralissime des armées alliées.

Sans le consentement de Guillaume qui aurait voulu, selon l'expression du généralissime Grœner, successeur de Ludendorf, « patienter encore », le chancelier allemand, prince Max de Bade, se résolut, le 6 novembre, à envoyer au maréchal Foch les plénipotentiaires qui devaient négocier l'armistice et, ce même jour, les autorités militaires supérieures allemandes donnèrent leur entier acquiescement pour que ces plénipotentiaires pussent déployer le drapeau blanc qui était en cette circonstance plus qu'un drapeau parlementaire, mais le drapeau de la capitulation.

Dans la nuit du 6 au 7 novembre un radiotélégramme du gouvernement allemant parvint au maréchal Foch. Il était rédigé en ces termes :

« Le gouvernement allemand, informé par le Président des Etats-Unis que le maréchal Foch a été investi du pouvoir de recevoir ses représentants accrédités et de leur communiquer les conditions de l'armistice, fait connaître les noms des plénipotentiaires, secrétaire d'Etat Erzberger, envoyé extraordinaire et ministre plénipotentiaire comte von Oberndorf, général d'infanterie von Gundel, général von Winterfeldt, capitaine de vaisseau Vanselow, capitaine de cavalerie von Helldorf, et voudrait savoir où ils pourront traverser les lignes françaises ».

Par l'une de ces hypocrisies coutumières de l'Allemagne le message officiel disait encore :

« Le gouvernement allemand se féliciterait *dans l'intérêt de l'humanité* si l'arrivée de la délégation allemande sur le front des Alliés pouvait amener une suspension d'armes provisoire. »

L'intérêt que l'Allemagne portait à l'humanité, était vraiment tardif. Comment pouvait-elle faire montre de pareils sentiments après la guerre impitoyable qu'elle venait de soutenir contre la civilisation en France et en Belgique, après les plaies et les maux effroyables dont elle venait, et pour longtemps, de saturer le monde. Laissons un Allemand, Maximilien Harden, se substituer à nous pour juger et invectiver la conduite de l'Allemagne :

« Cinquante-deux mois de domination en Belgique, — dit Harden, — avec rapt des matières premières, des machines, des marchandises de toutes sortes, des milliards en argent comptant et en billets de banque, avec violation du droit, travail forcé, déportation, et, en dernière heure, avec destruction des villes industrielles et pillage ! Cinquante-deux mois de domination dans la France du Nord avec pillage, dévastation, destruction des cathédrales, des châteaux, des usines, des fabriques, des arbres fruitiers ! Cinquante-deux mois de guerre universelle, avec bombardements aériens contraires à tous les usages reconnus, torpillages des paquebots et des navires-hôpitaux, pactes clandestins unissant l'Allemagne aux Irlandais et aux Flamands, introduction de bombes et de bacilles dans les pays neutres ! Ajoutez à tant d'atrocités des massacres immenses en Arménie, et partout la corruption, la fraude, le vol, les infractions secrètes ou publiques à la plus essentielle justice ! Voilà des forfaits sans précédent et dont on aurait dû sur l'heure arrêter et juger les auteurs les plus haut placés ».

Et c'était ce gouvernement dont la politique inhumaine était si magistralement censurée par Maximilien Harden qui venait aujourd'hui se targuer de philanthropie, faire étalage de sentimentalité, donner aux autres des leçons d'humanité !

Mais revenons aux plénipotentiaires que venait de désigner Berlin. Parmi eux, deux, au moins, étaient connus en France. Les journaux nous avaient souvent mentionné le nom d'Erzberger. D'abord dans l'enseignement wurtembergeois, il s'était lancé dans les affaires, il était devenu millionnaire. Au Reichstag, il s'était fait le chef du Centre catholique. Après avoir été un pacifiste notoire, il s'était, dès les premiers jours de la guerre, montré un partisan exalté des annexions les plus étendues au Reich. Chargé de la propagande à l'étranger, il avait abondamment rémunéré tous les efforts déployés en faveur de la cause allemande et s'était dépensé lui-même largement. Il venait d'entrer dans le ministère de Max de Bade où on l'avait chargé de la direction de la presse.

Une autre physionomie que l'opinion française, que le monde parisien connaissait bien, c'était celle du général de Winterfeldt. Il avait été assez longtemps attaché militaire à l'ambassade d'Allemagne, auprès de ce fameux baron de Schœn, créature de Guillaume qui l'avait anobli. En 1911 Winterfeldt suivait nos grandes manœuvres du Sud-Ouest. Il y fut victime d'un accident d'automobile qui excita une vive émotion dans notre pays. Cet accident d'automobile apparaissait comme un *casus belli*. On fut aux petits soins pour l'attaché militaire, on l'hébergea splendidement, et longtemps, dans une petite ville du Tarn-et-Garonne, à Grisolles ; les ministres se dérangeaient pour aller prendre de ses nouvelles ; on lui donna la croix de la Légion d'honneur, comme s'il avait rendu quelque service à la France. Dès son départ, aux premières heures du conflit franco-allemand, de l'ambassade d'Allemagne, il s'était rendu en Espagne. Là, à Saint-Sébastien, il avait établi et dirigé contre nous un centre actif d'espionnage et de désertions.

A la demande que faisait le gouvernement allemand d'une entrevue, le maréchal Foch répondit :

« Si les plénipotentiaires allemands désirent rencontrer le maréchal Foch pour lui demander un armistice, ils se présenteront aux avant-postes français par la route de Chimay-Fourmies-La Capelle-Guise. Des ordres sont donnés pour les recevoir et les conduire au lieu fixé pour la rencontre ».

Un autre télégramme du commandement suprême allemand au maréchal lui apprenait que la délégation allemande, retardée par le mauvais état des routes, « ne pourrait traverser la ligne des avant-postes qu'entre huit et dix heures du soir à Haudroy, à deux kilomètres nord-ouest de La Capelle. »

Le général Debeney qui commandait ce secteur avait délégué pour le représenter à l'arrivée des plénipotentiaires impériaux quelques officiers, le commandant de Bourbon-Busset, des chasseurs à pied, chef du 2e bureau de la 1re armée, le commandant de Fretay, de l'état-major du 31e corps d'armée, le capitaine Pihier, du 2e bureau, aussi, de la 1re armée, le capitaine Brunet, du 3e bureau, le capitaine Tabouréau, très connu en littérature sous le pseudonyme de Jean des Vignes-Rouges sous lequel il a publié un livre très lu pendant la guerre, *Bourru, soldat de Vauquois*, alors officier informateur et historiographe de la première armée.

Ces officiers avaient choisi pour recevoir les délégués de l'Allemagne une assez élégante villa de briques, ombragée de pins, à la sortie de La Capelle, la villa Pâques, ainsi nommée d'un de ses anciens propriétaires et qui appartenait, au moins alors, à un notaire parisien de la rue Rougemont, Me Panhard.

Il faisait, par ce soir, par cette nuit du 7 novembre, un temps abominable, sinistre. Un brouillard épais, glacial s'étendait sur la désolation des champs dévastés par la guerre. Tout à coup, sur les neuf heures, apparurent dans le lointain des phares puissants de voitures automobiles qui jetaient dans ces obscurités profondes des clartés impressionnantes. La première de ces voitures, — elles étaient quatre, — portait un immense drapeau blanc. Un trompette sur le marchepied jetait dans l'air les notes tristes et dures d'une sonnerie allemande. Dès que cette première voiture se trouva proche de la section qui gardait et barrait la route, l'officier qui la commandait, un jeune capitaine de vingt-cinq ans, le capitaine Lhuillier, se plaça sur le milieu de la route, étendit les bras, et la voiture se ralentit et s'arrêta, rejointe bientôt par la seconde voiture qui avait également arboré un drapeau blanc et les deux autres.

Un général mit pied à terre, s'approcha du capitaine Lhuillier, et se nomma :

— Général Winterfeldt, de la mission des plénipotentiaires allemands.

— Général, répond le capitaine Lhuillier, je n'ai pas qualité pour vous recevoir officiellement. Veuillez remonter en voiture, et me suivre.

Sur l'ordre du capitaine, le trompette allemand descend du marche-pied de la voiture. Un caporal clairon français, du nom de Sellier, l'y remplace qui se met à jouer avec une triomphale allégresse les sonneries du 17e d'infanterie, des 19e et 26e bataillons de chasseurs à pied, de tous les corps enfin de la 166e division qui occupe ce secteur. Dans les profondeurs de l'ombre nos soldats se mettent en mouvement, accourent et suivent, pleins des espérances que vous devinez, le cortège des autos jusqu'au poste de commandement des avant-postes du côté de La Capelle, d'où l'on conduit les parlementaires à la Villa Pâques. Là il fut convenu que les automobiles du grand quartier impérial demeureraient à La Capelle et que les envoyés prendraient place dans des automobiles françaises. Tout ceci arrêté, on se mit en marche vers le petit village d'Homblières, situé à cinq kilomètres est de Saint-Quentin. C'était dans le presbytère d'Homblières, ruiné et tout calamiteux, que s'était établi le quartier général de la 1re armée, du général Debeney, depuis le matin seulement, par suite de la progression constante des armées. Un souper très frugal fut servi aux délégués allemands par des ordonnances bleu horizon. Au moment du café, le général Debeney, avec son chef d'état-major, le général Hucher, vint saluer les plénipotentiaires. Et à une heure du matin, on était le 8, le commandant de Bourbon-Busset venait reprendre « Son Excellence Erzberger », le général de Winterfeldt et leurs collaborateurs. Il monta avec Erzberger dans la voiture de tête pour les conduire à Tergnier où les attendait un train spécial qui devait les transporter à Rethondes.

*

*   *

Rethondes où va maintenant se jouer le drame de l'armistice est à sept kilomètres est de Compiègne, sur les bords de l'Aisne, à l'extrémité sud de la forêt de Laigue que l'Aisne sépare de la forêt de Compiègne. Le paysage y est, paraît-il, fort beau à cause de ce décor forestier : on y voit de grands arbres, de belles avenues, des horizons qui ont de la majesté et de l'harmonie. Sur l'un de ces grands arbres on y lisait récemment, on y lit peut-être encore aujourd'hui un écriteau avec ces mots : « Ici était arrêté le train du maréchal Foch pour la signature de l'armistice en novembre 1918 ». C'est en effet dans cette douceur de la forêt, dans ce silence des bois, dans ce calme d'une nature d'automne, dans ce qu'on a appelé « la clairière de la victoire » que sont venus finir toute cette agitation, tout ce bouleversement du monde de 1914 à 1918.

Foch était arrivé à la gare de Rethondes le 7 novembre à 6 heures 17. Peut-être venait-il de ce château de Bombon, appartenant au marquis de Segonzac, près de Mormant, en Seine-et-Marne, qu'on a appelé lui aussi « le berceau de la victoire » parce que c'est là surtout que le maréchal a pensé, médité, élaboré les plans des opérations terminales de la guerre. Le train spécial de Foch avait été garé sur une voie qu'on avait tout dernièrement aménagé pour l'artillerie lourde à grande puissance.

Au lever du jour, le 8 novembre, apparut le train des Allemands que l'on refoula lentement par l'arrière sur une autre voie de garage. Deux des wagons de ce train qui devaient leur servir de cabinet de travail et de salle de conférences avaient été l'un, le cabinet du général Pétain ; et l'autre était l'ancien wagon-salon de l'empereur Napoléon III, capitonné de satin vert empire, avec des passementeries relevées de rouge pompéien. Comme on voit, la France, toujours gracieuse, soignait ses ennemis avec sa coutumière générosité.

Le sol était détrempé, la forêt toute boueuse et, pour permettre aux plénipotentiaires d'arriver jusqu'au train français, il fallut établir un passage en caillebotis.

Les deux personnages que l'on distinguait surtout dans le groupe de ces représentants de l'Allemagne, qui, avec une grande convenance extérieure et une haine violente intérieure, s'approchaient de ce train français, c'était Erzberger et Winterfeldt. Ils étaient absolument différents. Erzberger, avec de gros et larges yeux qu'abritait un binocle d'or, avec une physionomie assez épaisse, un costume assez vulgaire, coiffé d'un chapeau mou tyrolien, avait des façons dégagées, des allures très vives, de l'aplomb et même de la gaieté, comme quelqu'un à qui échapperait la notion des responsabilités qu'allait faire peser sur lui l'orgueil infiniment blessé de ses compatriotes. Winterfeldt était dans le genre uhlan : il était d'une grande dureté dans la physionomie et le regard, d'une distinction hautaine dans les manières. Il avait bien, lui aussi, comme tout Allemand qui se respecte, sa dose d'inconsciente lourdeur : il avait eu l'audace de faire figurer sur son costume le ruban de la Légion d'honneur qu'on lui avait accordée si aveuglément, et le maréchal Foch, dès qu'il l'eût ou remarqué ou appris, dut lui faire dire : « Je vous autorise à enlever cette décoration ». Mais il était alors comme affaissé. Pour ceux qui l'avaient connu, il semblait très vieilli. Il paraissait ressentir jusqu'au plus profond de lui-même l'abaissement de la patrie allemande. Il allait être le personnage sensible, pleureur, comment dirai-je, « lacrymogène » des conférences de l'armistice.

— A quelle heure pourrons-nous être reçus, demandèrent les Allemands.

Le général Weygand, de la part du maréchal Foch, leur répondit : « A neuf heures ! ».

Un petit dejeuner leur fut ensuite servi dans leurs wagons. L'un des historiens de cette dernière guerre rapporte que la façon dont on garnissait leur table pour le café au lait, leur arracha des cris de radieuse surprise, sauf, sans aucun doute, à Winterfeldt, et qu'en particulier Erzberger qui ne connaissait probablement plus dans ces temps derniers que les produits suspects de la chimie culinaire allemande, répétait : « *Butter ! Butter ! das ist nicht möglich*, — Du beurre ! Du beurre ! cela n'est pas possible. »

Au premier coup de neuf heures les plénipotentiaires furent introduits dans le wagon dont le maréchal avait fait son bureau. C'était la voiture de la Compagnie des wagons-lits n° 2419 D, aujourd'hui conservée au Musée de l'armée.

Chacun des membres de la délégation allemande prit place devant la table à l'endroit où était inscrit son nom. Le maréchal Foch entra dans son uniforme gris de fer, avec trois rangs de décorations en rubans, et coiffé de son képi à feuilles d'or. A sa gauche se plaça l'amiral anglais Sir Rosslyn Wemyss, premier Lord de l'Aminauté britannique, à sa droite le général Weygand.

— Messieurs, dit le Maréchal, à qui ai-je l'honneur de m'adresser ? De la part de qui venez-vous ?

Cette dernière question n'était pas oiseuse. Le gouvernement de l'Allemagne, — et notre Etat-major devait en être informé, — passait alors par des phases difficiles. Des mouvements populaires agitaient Berlin dès le 7 novembre, et c'est le 9 que l'agence Havas recevrait ce télégramme : « Bâle, 9 novembre. On annonce officiellement de Berlin l'abdication de l'Empereur Guillaume II ». Lâchement, sans prévenir le gouvernement, ni aucun homme d'Etat, Guillaume II allait quitter son armée et son quartier général de Spa pour se réfugier en Hollande, au château d'Amerongen, chez le comte Bentinck, son ami.

A cette question : « De la part de qui venez-vous ? », Erzberger répondit : « Nous sommes les plénipotentiaires envoyés par le gouvernement allemand. Voici nos lettres de crédit ».

« Je vais lire cela », — dit le Maréchal.

Après l'examen de ces lettres de crédit que le Prince Chancelier Max de Bade avait signées, le maréchal revint dans le wagon-bureau et, sans s'asseoir, posa cette question :

— Quel est l'objet de votre visite ?

Erzberger répondit :

— Recevoir les propositions des Alliés pour arriver à un armistice sur terre, sur mer...

Il ne put achever, arrêté qu'il fut par ces mots de Foch :

— Je n'ai pas de propositions à vous faire.

Oberndorf, diplomate de carrière, voulut venir immédiatement en aide à Erzberger embarrassé :

— Si Monsieur le Maréchal aime mieux, nous dirons que nous venons pour avoir communication des conditions auxquelles l'armistice pourrait se signer...

— Je n'ai à vous faire aucune communication, reprit encore très sèchement Foch.

Alors Erzberger tira de son portefeuille la note par laquelle le président Wilson annonçait que « le maréchal Foch était autorisé à faire connaître les conditions de l'armistice. »

Si Foch avait voulu discuter avec les spécimens placés devant lui de ces Allemands qui, dans tous les siècles, ont été, dans leurs différends et leurs querelles, des ergoteurs infatigables et de mauvaise foi, il aurait pu leur rappeler que Wilson, dans de dernières notes aux Affaires étrangères de Berlin, proclamait formellement « que les peuples de l'Entente étaient les maîtres absolus de la situation parce qu'ils avaient la suprématie », que « les gouvernements de l'Entente avaient le droit sans limites d'imposer les détails de la paix », et qu'ils devaient exiger des garanties extraordinaires, parce que les responsables de la guerre, — il désignait Guillaume, sa famille, son entourage, — étaient toujours là.

Ce qui mécontentait Foch, c'est que ces délégués allemands voulaient, par orgueil, se placer en dehors de la réalité ; c'est qu'ils évitaient de prononcer une parole qui aurait contenu l'humiliant aveu que l'Allemagne se trouvait dans la pressante nécessité de demander cette suspension d'armes.

— « L'armistice ! s'exclama Foch à propos de la citation par Erzberger de la note de Wilson. Soit ! oui ou non, le demandez-vous ?

— Nous le demandons, répondirent avec une semblable vivacité Oberndorf et Erzberger.

— Puisqu'il en est ainsi, je vais vous faire connaître à quelles conditions les gouvernements alliés consentent à vous l'accorder.

Après ces paroles, le maréchal s'assit, tous l'imitèrent, et le général Weygand lut toutes les clauses de cet armistice relatives au front d'Occident, aux frontières orientales de l'Allemagne, aux colonies et à la marine allemande, à la situation militaire en général. On traduisait immédiatement chaque article en allemand pour tous les plénipotentiaires.

A la lecture des clauses militaires, Winterfeldt pâlissait, baissait la tête. La lecture des clauses navales lui arracha une exclamation de douleur :

« Livrer notre flotte sans qu'elle ait combattu ! »

La lecture et la traduction du document prirent environ une heure. La séance se termina par ces paroles de Foch :

— « Messieurs, je vous laisse ce texte. Vous avez soixante-douze heures pour y répondre. D'ici là vous pouvez me présenter des objections de détail. »

— De grâce, Monsieur le Maréchal, s'écria Erzberger, n'attendez pas ces soixante-douze heures. Il faut que dès aujourd'hui même vous arrêtiez les hostilités. Nos armées sont en proie à l'anarchie. Le bolchévisme gagne l'Allemagne, il menace toute l'Europe, il menace la France elle-même.

— Je ne sais, répondit Foch, dans quel état sont vos armées, mais je sais dans quelle situation sont les miennes. Non seulement je n'arrêterai pas l'offensive, mais je vais donner l'ordre de redoubler d'énergie en la continuant.

Winterfeldt, à son tour, voulut intervenir par la lecture d'une déclaration écrite où il prétendait que les Etats-majors devaient se concerter sur les détails de l'exécution de l'armistice et qu'il fallait absolument pour des raisons techniques interrompre les hostilités.

Mais Foch ne lui donna pas le temps de poursuivre la lecture de son factum :

— Sans doute, lui dit-il, les discussions techniques seront tout à fait opportunes dans soixante-douze heures ! Mais pas avant ! D'ailleurs ce chiffre de soixante-douze heures a été fixé par les gouvernements alliés dont je suis le mandataire. D'ici là l'offensive continue. »

Les trois jours fixés pour le délai couraient à partir du 8 novembre, à 11 heures du matin, heure française.

Erzberger, bien que plénipotentiaire, demanda que le texte de l'armistice fût soumis à son gouvernement, certaines clauses qu'il ne prévoyait point, appelant une décision gouvernementale.

Le maréchal acquiesça. Par télégraphie sans fil, on transmit à Spa cette demande, et le capitaine Helldorff fut chargé de porter au Grand Quartier général allemand, où il parvint assez difficilement, le texte officiel des clauses de l'armistice.

Le 10, à 5 heures du soir, le maréchal qui recevait des Allemands des objections et des observations à n'en plus finir, rappela que tout devait être terminé, le lendemain, à 11 heures. La signature des plénipotentiaires ne pouvait être donnée qu'avec l'autorisation du gouvernement allemand. Il fallait donc que ce gouvernement répondit sans retard. A 7 heures, le maréchal reçut communication d'un télégramme venu de la station de Nauen ainsi rédigé :

« Gouvernement allemand à plénipotentiaires allemands. »

« Vous êtes autorisés à signer l'armistice. Signé : Le chancelier de l'Empire. »

Ce télégramme était accompagné d'un long message d'Hindenburg et d'une longue note du gouvernement allemand.

Message et note protestaient avec véhémence, suivant l'habitude des geigneries et des criailleries germaniques, contre les exigences des Alliés qui n'hésitaient pas à condamner à la famine tout un peuple, y compris les femmes et les enfants.

A minuit les plénipotentiaires prévinrent le maréchal qu'ils étaient à ses ordres.

Dès qu'ils furent introduits dans le wagon-bureau, le maréchal leur fit donner lecture des conditions définitives. Les Allemands insistèrent encore pour quelques modifications de détail. Le maréchal pour des raisons techniques voulut bien apporter ici et là quelques adoucissements : c'est ainsi qu'il ne demanda que vingt-cinq mille mitrailleuses au lieu de trente mille, dix-sept cents canons au lieu de deux mille, cinq mille camions au lieu de dix mille. En outre il promit de promptes mesures pour le ravitaillement de l'Allemagne.

A cinq heures du matin — le 11 — tout était réglé. Les Français et les Anglais signèrent. Puis les Allemands. Winterfeldt, naturellement, fondait en larmes.

Avant de signer, les Allemands avaient remis une déclaration collective qui se termine par ces mots sur lesquels il convient de méditer dans un esprit de vigilance :

« Un peuple de 70 millions souffre, mais il ne meurt pas. »

Le train des Allemands partit de Rethondes pour Tergnier à midi, et c'est de là qu'ils regagnèrent dans leurs automobiles, le drapeau blanc replié cette fois, leur quartier général à Spa.

*
* *

Et nous arrivons maintenant, Messieurs, à l'épilogue.

A sept heures du matin Foch se rendait à Paris. A neuf heures il était chez le Président du Conseil. De neuf à onze heures l'heureuse nouvelle commençait à se répandre dans Paris. A onze heures, heure à laquelle les hostilités devaient cesser sur tout le front, tous les postes de la Défense contre avions du camp retranché de Paris et les canons du sous-marin *Montgolfier* commencèrent à tonner. De deux en deux minutes, 1,200 coups de canon furent ainsi tirés. Les cloches des églises sonnèrent à toute volée — et voici un joli mot d'un journaliste à ce sujet : « Les cloches sonnèrent comme au matin de Pâques », comme si elles avaient annoncé la résurrection de la Patrie. A ce signal officiel l'allégresse générale explose. Les drapeaux alliés surgissent aux fenêtres. En quelques instants, toutes les rues, tous les balcons sont pavoisés. On voit des femmes, des hommes pleurer de joie, se serrer les mains avec effusion. Une effervescence joyeuse, une sorte d'ivresse entraîne toute cette population.

Ici et là un groupe d'hommes, de femmes, d'enfants se mettait en marche, drapeau en tête, en chantant la

Marseillaise. Le cortège grossissait à vue d'œil. Tout le monde voulait suivre, associer sa joie à celle des autres. Et avant midi il y avait ainsi dans Paris plus de cent cortèges aclamés par la foule qui formait la haie sur les trottoirs.

L'après-midi, ce fut bien autre chose. Toutes les administrations, tous, les ateliers, toutes les usines donnèrent congé à leur personnel. Les écoles firent de même. Tout ce monde se répandit dans les rues. Et alors ce fut une manifestation grandiose, colossale, comme diraient les Boches, qui se poursuivit jusqu'au soir et dont aucune description ne saurait donner une idée.

Les boulevards furent envahis par une foule considérable qui ne tarda pas à former comme une mer houleuse, traversée par les courants que formaient les cortèges de toutes sortes, cortèges où poilus et civils, bras dessus, bras dessous fraternisaient. Et tout ce monde entonnait des chants patriotiques, agitait des drapeaux, criait : « Vive la France ! Vive l'Armée ! Vivent les Alliés ! » Des camions passaient sur lesquels s'entassaient hommes et femmes agitant des drapeaux. Les taxis étaient envahis. Des gens étaient huchés sur la capole, agrippés sur les marchepieds. Il y en avait même à cheval sur le capot du moteur. Ces véhicules ainsi surchargés ne formaient plus qu'une grappe humaine ; ils essayaient de fendre la foule, mais ne tardaient pas à être bloqués.

Place de l'Opéra, alors que la foule venait comme y déferler, le baryton Noté, de l'Opéra, apparut à une fenêtre tenant un drapeau français d'une main, un drapeau belge de l'autre. Il chanta la *Marseillaise*, et l'on vit cette foule de près de vingt mille personnes reprendre le refrain d'une seule voix. Et le chant libérateur éclata, monta dans les airs comme un roulement de tonnerre.

Le Président du Conseil ne voulait communiquer au Parlement les conditions de l'armistice qu'à l'heure où la même lecture pourrait se faire à la Chambre anglaise des Communes. Vers quatre heures seulement il annonçait à la tribune de la Chambre les clauses de cette convention dont la durée était fixée à trente-six jours avec faculté de prolongation. Ces conditions étaient exprimées dans des formules claires et précises dont voici les principales :

— Cessation des hostilités sur terre et dans les airs six heures après la signature de l'armistice....

— Evacuation immédiate des pays envahis, — Belgique, France, Luxembourg, ainsi que l'Alsace-Lorraine, — réglée de manière à être réalisée dans un délai de quinze jours à dater de la signature de l'armistice....

— Evacuation des pays sur la rive gauche du Rhin par les armées allemandes...

— Une zone neutre sera réservée sur la rive droite du Rhin....

— L'évacuation par l'ennemi des pays du Rhin sur la rive gauche et la rive droite sera réglée de façon a être réalisée dans un délai de seize nouveaux jours....

— Rapatriement immédiat et sans réciprocité de tous les prisonniers de guerre des Alliés et des Etats-Unis...

— Cessation immédiate de toute hostilité sur mer...

La lecture de ces articles souleva à la Chambre un enthousiasme si délirant que là aussi la *Marseillaise* fut entonnée par toute l'assistance, spectatrices spectateurs, journalistes, députés et même par les diplomates. Tout le monde jurait de ne pas oublier l'heure magnifique que l'on venait de vivre.

Le même enthousiasme secouait les départements. Aux armées, d'après le témoignage des soldats eux-mêmes, c'était « le plus beau jour qu'ils eussent vécu ». Je reprends ici l'expression dont se servait dans sa convocation d'hier M. Tison, le président de l'Union nationale des combattants de Vitry-le-François. Et, il y a quelques jours, le Comité d'entente des grandes associations de mutilés et de combattants lançait à l'occasion de la fête d'aujourd'hui une proclamation où il disait : « S'il est vrai que ce matin du 11 novembre 1918 fut notre seul jour de bonheur, s'il est vrai qu'à l'heure où se taisait le canon, une aube de prospérité paraissait se lever sur la Patrie, s'il est vrai que nous sentions sourdre en nous une humanité meilleure, attachons-nous chaque année à en perpétuer le souvenir et à faire partager par les générations qui montent à la vie, le souffle qui nous animait alors. »

*

* *

D'où venait cette joie universelle ? C'est qu'à cette heure de l'armistice on voyait véritablement la Victoire flotter dans la lumière au-dessus de la France à grands coups d'ailes. Elle était, hélas ! enveloppée de longs crêpes de deuil. Quelles tristesses, mais maintenant quelle joie ! quelles souffrances, mais maintenant quelle apothéose ! Il semblait que les événements heureux se ruaient sur nous. C'est cet armistice qui nous apportait les bénéfices réels et immédiats que nous avons retirés de cette longue guerre où, après nous être débattus dans les précipices de l'invasion, nous étions maintenant transportés sur les hauteurs du triomphe. C'est que cet armistice où se reflétait l'intelligence supérieure, l'âme ferme et indéfectible de Foch, était bien plus une œuvre française que ne le devait être le traité de paix sur lequel allaient par trop s'étendre les nuées utopiques du Président Wilson. C'est qu'il était un acte militaire, l'ouvrage de militaires, de chefs militaires, et non pas de diplomates, qu'il exprimait nettement les volontés des armées, et en particulier de notre armée, et qu'il dictait à l'ennemi des obligations auxquelles il devait se soumettre sans tarder.

Cet armistice était l'œuvre de nos soldats qu'un irrésistible entrain emportait vers la terre allemande et qui en imposèrent ainsi à l'Allemagne la rapide signature. C'était eux qui, par leur vaillance, donnaient à la France ces magnifiques conquêtes sanctionnées par l'armistice, — l'arrêt de mort, momentané, de la puissance militaire de l'Allemagne, l'effacement de la défaite de 1870, le retour à la patrie de l'Alsace et de la Lorraine, de Metz et de Strasbourg, les possibilités de développer notre influence, si nous savions tirer parti des événements, sur la rive gauche du Rhin.

Aussi bien devons-nous une gratitude éternelle à ces grands morts dont le sacrifice nous a valu de pareils trophées, à ceux, chefs et soldats, qui ont si noblement devancé leur destin pour la France dans les sillons bouleversés, dans les tranchées bourbeuses, dans les profondeurs des mers, qui ont donné tout leur être pour nous, qui pour nous ont versé « le sang de France », « les saintes gouttes du sang de la France éternelle » ! Honneur aux plus modestes, aux plus obscurs, aux plus minimes d'entre eux. Il n'en est pas un seul dont la mort n'ait aidé à délivrer notre pays, à affranchir l'humanité de cet idéal germanique et de cette pensée boche qui voulait s'emparer du monde entier et le façonner à son image.

Gratitude éternelle à nos mutilés ! Gratitude éternelle à nos prisonniers si souvent martyrs pendant leur captivité, que les Allemands si souvent faisaient mourir de faim, de fatigues, de mauvais traitements et qu'ils nous ont si souvent renvoyés exténués, affaiblis, émaciés, condamnés à une mort prochaine !

Gratitude éternelle enfin à tous nos chefs et soldats survivants qui, après avoir si longtemps opposé aux furieux assauts de l'ennemi leur inflexible énergie, leur inlassable tenacité, après avoir personnifié sur le front les vertus militaires de la race, sont destinés à être dans notre société civile les représentants des idées d'ordre, de discipline, e justice, de dévouement à la Cité et à la Patrie, d'expérience sociale !

C'est d'ailleurs ce que signifie la belle devise : « Unis comme au front ». Les anciens combattants indiquent ainsi qu'ils veulent maintenir cet esprit de concorde, de fraternité, d'entente, de serviabilité qui les unissait dans le danger, qu'ils ont aussi tout particulièrement ressenti dans le beau jour de l'armistice, — qu'ils veulent donner à la société française, cette unité, cette union en quelque sorte torrentielle qui emportera toutes les difficultés et qui permettra à notre pays de poursuivre, ce qui paraît lui être si difficile maintenant, le cours de ses magnifiques destinées. Le mot de César reste toujours vrai : « Les Gaulois, pourvu qu'ils soient unis, peuvent défier l'univers. »

En terminant, j'adresse un respectueux salut à toutes les sociétés militaires et de préparation militaire de Vitry. Ce sont elles qui ont fait, pour une grande part, de tant de Vitryats d'excellents soldats et des héros admirables !

www.ingramcontent.com/pod-product-compliance
Ingram Content Group UK Ltd.
Pitfield, Milton Keynes, MK11 3LW, UK
UKHW022140260726
13993UKWH00005B/2069

9 782329 202556